KARL FREITAG

25 Prozent aller Kinder glauben, dass an Ostern der Geburtstag des Osterhasen gefeiert wird

100 Dinge, die Sie noch nicht über OSTERN wussten

riva

Bibliografische Information der Deutschen Nationalbibliothek:
Die Deutsche Nationalbibliothek verzeichnet diese Publikation in der Deutschen Nationalbibliografie. Detaillierte bibliografische Daten sind im Internet über http://d-nb.de abrufbar.

Für Fragen und Anregungen:
info@rivaverlag.de

Originalausgabe
1. Auflage 2017

© 2017 by riva Verlag, ein Imprint der Münchner Verlagsgruppe GmbH
Nymphenburger Straße 86
D-80636 München
Tel.: 089 651285-0
Fax: 089 652096

Redaktion: Petra Holzmann
Umschlaggestaltung: Isabella Dorsch
Umschlagabbildung: LenLis/Sthutterstock.com
Abbildungen im Innenteil: Thomas Bethge/Shutterstock.com; S. 7: 5 second Studio/Shutterstock.com; S. 33: KMNPhoto/Shutterstock.com; S. 39: Vitaly Korovin/Shutterstock.com; S. 59: Berthold Werner/Wikimedia Commons, CC BY-SA 3.0; S. 73: mathom/Shutterstock.com; S. 79: Africa Studio/shutterstock.com; S. 85: Barbara Dudzinska/Shutterstock.com
Layoutgestaltung: Marc-Torben Fischer
Satz: Röser MEDIA GmbH & Co. KG, Karlsruhe
Druck: GGP Media GmbH, Pößneck
Printed in Germany

ISBN Print 978-3-7423-0345-5
ISBN E-Book (PDF) 978-3-95971-847-9
ISBN E-Book (EPUB, Mobi) 978-3-95971-846-2

Weitere Informationen zum Verlag finden Sie unter

www.riva-verlag.de
Beachten Sie auch unsere weiteren Verlage unter www.m-vg.de

INHALT

OSTERQUIZ

Brauchen Sie dieses Buch? Beantworten Sie diese drei Fragen und finden Sie es heraus:

Worum genau ging es beim Osterstreit?

a) Um die Aufteilung der Süßigkeiten zwischen Geschwistern nach erfolgreicher Ostereiersuche.
b) Um die Farbe, mit der die Eier angemalt werden müssen.

Warum gibt es weiße und braune Eier?

a) Die Farbe hängt von der Ohrenlänge eines Hasen ab. Kurze Ohren = braune Eier. Lange Ohren = weiße Eier.
b) Ich habe Angst, dass die Beantwortung der Frage politisch nicht korrekt ist.

Was hat es mit dem Osterparadoxon auf sich?

a) Die Kinder finden am Ostersonntag mehr Schokoeier, als eigentlich versteckt wurden.
b) Der Verzehr der Ostersüßigkeiten benötigt nur halb so viel Zeit wie die Suche danach.

Lösung: Alle Antworten sind falsch. Den Osterstreit und das Osterparadoxon gibt es jedoch wirklich. Und auch einen Grund dafür, warum manche Eier braun und andere weiß sind. Neugierig geworden? Dann brauchen Sie dieses Buch. Randvoll gefüllt mit unnützem Osterwissen geht es so wichtigen Fragen nach wie:

- Wie funktioniert das Ostereiorakel?

- Welcher US-amerikanische Präsident erfand das Eierrollen im Weißen Haus?

- Wie schwer ist das größte Osterei der Welt?

- Was verbirgt sich hinter dem Ostersegen »Urbi et orbi« des Papstes?

- Wann fand der erste Ostermarsch statt?

- Warum sind Australier gar nicht gut auf den Osterhasen zu sprechen?

- Und warum werden auf den Philippinen an Ostern Kinder am Kopf in die Luft gezogen?

DIE OSTERGESCHICHTE

»Sie feiern die Auferstehung des Herrn, denn sie sind selber auferstanden.«

Besser und kürzer als mit den Worten aus dem Osterspaziergang von Johann Wolfgang von Goethe lässt sich die komplizierte Gemengelage des Osterfestes nicht zusammenfassen. Dort der Heiland, der nach der Kreuzigung wiederaufersteht, hier der einfache Mensch, der sich vor allem über wärmende Sonnenstrahlen und das erste Grün an den Bäumen freut. Ostern ist einerseits das wichtigste Fest im Kirchenjahr, andererseits mischen sich in die Feierlichkeiten, wie wir sie heute kennen, zahlreiche heidnische Gebräuche und Symbole wie etwa der beliebte Osterhase. Und dann ist sich ja auch noch die Kirche selbst uneins übers Osterfest. Während Christen hierzulande schon feiern, fasten Griechen und Russen noch, denn sie feiern Ostern eine Woche später als alle anderen.

Was genau feiern wir eigentlich an Ostern?

Ostern ist das wichtigste Kirchenfest des Jahres. Wichtiger noch als Weihnachten. Geboren werden kann schließlich jeder. Aber nach dem Tod am Kreuz wiederauferstehen ist ein ungleich schwierigeres Unterfangen. Das eigentliche Osterfest beginnt in der Osternacht, der Nacht von Ostersamstag auf Ostersonntag. Dem Osterfest vorgeschaltet ist die sogenannte Karwoche, auch Heilige Woche genannt. Sie beginnt mit den stillen Tagen Montag, Dienstag und Mittwoch. Am Gründonnerstag kommt erstmals Leben in die Osterfeierei, denn an diesem besonderen Tag wird dem letzten Abendmahl von Jesus Christus mit seinen Jüngern gedacht. Es folgt der Karfreitag, der Tag der Kreuzigung von Jesus Christus. Das ist der mit den vielen Prozessionen in Spanien, Italien und Südamerika. Bevor Jesus dann am Ostersonntag endlich wiederaufersteht, erledigt er am Karsamstag noch Wichtiges. Er fährt in die Hölle hinab und befreit die Seelen der Gerechten seit Abraham. So weit die heute gültige kirchliche Version der Geschichte. Doch ganz so klar war die Sache mit Ostern nicht immer. Und darüber entbrannte einst heftiger Streit.

Was hatte es mit dem Osterstreit auf sich?

Das christliche Osterfest ist geschichtlich mit dem jüdischen Passahfest verbandelt. Während die Christen an Ostern vorrangig der Kreuzigung und der Auferstehung Jesu gedenken, feiern die Juden mit dem Passahfest das Ende der Sklaverei und den Auszug des jüdischen Volkes aus Ägypten. Das Problem vor 1.700 Jahren: Die beiden Feste kamen sich vom Datum her ziemlich in die Quere. Kein Wunder, war doch das letzte Abendmahl von Jesus mit seinen Jüngern nichts anderes als ein Passahfest. Einen Tag später starb Jesus dann am Kreuz. Sei es, wie es sei, an ebendieser Oster-Passahfest-Kollision entzündete sich der legendäre Osterstreit. An diesem waren nicht nur Christen und Juden, sondern auch andere Glaubensgruppen beteiligt. Die einen wollten Ostern lieber unter der Woche feiern, die anderen am Wochenende und eine Gruppe besonders eifriger Glaubensbrüder bestand sogar darauf, Ostern in jeder Woche des Jahres zu feiern. Erst das legendäre Konzil von Nizäa im Jahr 325, auf dem zahlreiche Glaubensfragen verhandelt wurden, legte fest: Ostern wird fortan am ersten Sonntag nach dem Frühlingsvollmond gefeiert. So wurde die Kollision mit dem Passahfest aus dem Weg geräumt und es gab einen (fast) verbindlichen Ostertermin für alle.

Was ist der Frühlingsvollmond?

Der Frühlingsanfang ist auf den 21. März datiert. Der erste Vollmond nach diesem Tag ist der sogenannte Frühlingsvollmond. Dieser ist frühestens am 21. März, spätestens jedoch am 19. April zu sehen. In diese Zeit fällt also auch Ostern. Der Frühlingsvollmond kann auf jeden beliebigen Wochentag fallen. Und jetzt kommt der Haken an der ganzen Sache: Es gibt nicht nur einen Frühlingsvollmond, sondern zwei. Einen astronomischen Frühlingsvollmond und einen zyklischen Frühlingsvollmond. Im Kirchenkalender wird mit Letzterem gerechnet. Zwar weichen der astronomische und der zyklische Vollmond meist nur einen Tag voneinander ab (manchmal fallen sie auch auf den gleichen Tag), aber dieser eine Tag Unterschied führt in manchen Jahren zum sogenannten Osterparadoxon, sprich: Ostern findet nicht an dem Tag statt, an dem es eigentlich stattfinden müsste.

Das Osterparadoxon

Das sogenannte Osterparadoxon tritt auf, wenn der astronomische Vollmond nicht mit dem zyklischen (kirchlichen) Vollmond harmoniert, sondern um einen Tag abweicht. Was er, ungläubiger Schlingel, regelmäßig tut. Ostern findet dann entweder später oder früher statt, als es der Mond am Himmel tatsächlich anzeigt. Das nächste Osterparadoxon steht im Jahr 2019 an. Ostern findet dann vier Wochen später statt, da die Kirche mit ihrer zyklischen Rechnung den ersten echten Frühlingsvollmond am 19. März verpasst.

Der teuerste Eierkünstler Deutschlands

Zwischen 600 und 1.000 Euro kosten die Eier des Chemnitzers Eberhard Schuberth. Angesichts der Arbeitszeit, die in einem von Schuberths Meisterwerken steckt, ein Spottpreis. Drei ganze Monate dauert es, bis Schuberth eines seiner sogenannten Perserteppich-Eier vollendet hat. Die Muster, die Schubert auf die zerbrechliche Eierhülle aufträgt, sind tatsächlich von echten Perserteppichen inspiriert.

Ostern? Die Griechen und die Russen machen ihr eigenes Ding

Dass in Griechenland und in Russland die Dinge gern etwas gemächlicher laufen, ist bekannt. Doch eine Woche Verspätung bei der Osterfeier ist dann doch schon ein ganz schön dickes Ding. Die verspätete Osterfeier in beiden Ländern ist den orthodoxen Kirchengemeinden geschuldet. Diese pflegen nämlich einen anderen Kirchenkalender als der Vatikan (Kalender nach Julian) und feiern Ostern daher in der Regel eine Woche später als der Rest der Welt. Alle drei Jahre sind orthodoxer und julianischer Kalender gleich getaktet. Dann feiern Orthodoxe und Katholiken gemeinsam. So auch 2017.

War Ostern früher ein heidnisches Fest?

Diese Frage ist nicht so leicht zu beantworten. Noch immer liest man häufig, dass sich der Begriff »Ostern« von der germanischen Frühlingsgöttin Ostara ableite. Schließlich würden im Osterfest ja auch zahlreiche heidnische Gebräuche stecken. Das Problem mit der Göttin Ostara ist: Es gibt keinen Beweis ihrer Existenz. Nun kann man sagen, dass genau das doch bei den meisten Göttern der Fall ist. Bei der vermeintlichen Frühlingsgöttin Ostara ist der Fall jedoch ein wenig komplizierter. Man weiß nämlich lediglich, dass die Germanen im Frühling ein Fest namens Ostarum feierten, in dessen Zentrum eine Frühlingsgöttin stand. Ein Hinweis auf die Göttin selbst oder eine Namensnennung ist nicht belegt. Im 17. Jahrhundert spekulierte dann ein gewisser Jacob Grimm (genau, der mit dem Bruder und den Märchen) in einem Werk über die deutsche Mythologie über die Existenz einer Frühlingsgöttin Ostara. Da Grimms Reputation nicht die schlechteste war und er sich in seinem Buch auch noch auf einen englischen Mönch bezog, der den englischen Begriff »easter« vom indogermanischen Wort »Eostare« (Morgenröte) herleitete, war die Sache fortan klar. Die Geschichte klang und klingt noch heute einfach zu gut, um nicht wahr zu sein. Doch wirklich verbürgt ist sie nicht.

Was hat der Osterhase mit Ostern zu tun?

Erstmals urkundlich erwähnt wird der Osterhase im 17. Jahrhundert. Doch woher genau stammt die Tradition, dass der Osterhase die Ostereier bringt? Als Begleiter der Liebesgöttin Aphrodite war der Hase schon immer ein Fruchtbarkeitssymbol. Und zwar ein sehr glaubhaftes. Durch seine Fähigkeit, sich rasant zu vermehren, galt Meister Lampe als Lebensspender schlechthin. Aufgrund dieser Symbolkraft, dem Osterfest um Jahrhunderte vordatiert, gilt der Hase vielen als der schlagende Beweis, dass das Osterfest mit einem uralten heidnischen Frühlingsfest verschmolzen sein muss. In der Bibel findet sich allerdings kein Hinweis auf Eier legende Hasen. »Schuld« an der Osterhasen-Tradition könnten die Protestanten gewesen sein. Denen war das katholische Osterei, das in der Fastenzeit nicht gegessen werden durfte, ein Dorn im Auge. (s. S. 21)

Mit dem Fasten nahmen es die Protestanten nämlich nicht so genau. Wichtig war schließlich nicht, was man in den Mund nahm, sondern was diesen in Form von guten Worten verließ. Also suchten die Protestanten nach einem anderen Ostersymbol, das sie dem katholischen Eierwahn entgegensetzen konnten. Auffällig ist jedenfalls, dass die ersten Beschreibungen von Osterhasen aus vorwiegend evangelischen Regionen stammen. Die Verbindung des Hasen zum Osterfest könnte sich jedoch auch einfach aus einem ganz bestimmten Verhalten von Hasen ableiten. Immer im Frühjahr, wenn es in Feld und Flur noch nicht genug zu essen gibt, suchen Hasen die Nähe von Menschen, da sich bei denen Futter abstauben lässt.

Wie der Osterhase den Osterfuchs ausgestochen hat

In manchen Regionen in Deutschland brachte lange Zeit der Osterfuchs die Eier und nicht etwa der Hase. Auch Störche oder der Kuckuck galten als Lieferanten der bei Kindern so beliebten bunten Ostereier. Erst vor etwa 100 Jahren schlug der Osterhase seine Konkurrenten aus dem Feld und wurde zum gesamtdeutschen Phänomen. Warum genau, ist unklar. Es wird jedoch vermutet, dass der Hase einfach niedlicher war und deshalb bei den Kindern besser ankam. Und in Schokoladenform gepresst machte er zudem eine weitaus bessere Figur als Fuchs oder Storch. Die um die Jahrhundertwende aufkommende Schokoladenindustrie könnte einen entscheidenden Anteil am Siegeszug von Meister Lampe gehabt haben.

Warum werden ausgerechnet Eier an Ostern verschenkt?

Zufällig fällt Ostern auch mit dem Termin zusammen, an dem Bauern früher ihren Naturalzins an die Kirche zu zahlen hatten. Und der wurde eben auch mit Eiern beglichen. Wer zur Osterbeichte erschien, hatte meist ein sogenanntes Beichtei dabei, das er dem Pfarrer überließ. Der konnte so viele Eier natürlich auch nicht auf einmal verdrücken und bezahlte mit einem Teil der Eier seinerseits Kinder, die mit Klappern und Ratschen durchs Dorf liefen und die Gläubigen in der Karwoche an die Zeiten fürs Gebet oder den Gottesdienst erinnerten. Normalerweise erledigten das die Kirchenglocken, doch die bleiben während der Karwoche ja meistens stumm, da ihr fröhliches Geläut nicht zur Trauerstimmung passt.

Die Kartage, ihre Bedeutung und was an ihnen geschah

Palmsonntag: An diesem Tag zog Jesus auf einem Esel in Jerusalem ein, wo ihn das Volk bejubelte und seinen Weg mit Palmzweigen bestreute. In katholischen Kirchen findet an diesem Tag die Palmweihe statt. (Wer am Palmsonntag als Letzter aus dem Bett aufsteht, darf den ganzen Tag als Palmesel bezeichnet werden.)

Montag: Jesus lehrt im Tempel von Jerusalem und steigt später mit seinen Jüngern auf den Ölberg.

Dienstag: Die Hohepriester und führende Pharisäer, die Jerusalem quasi beherrschen, beschließen, den Unruhestifter Jesus loszuwerden.

Mittwoch: Judas handelt mit den Hohepriestern den Preis für den Verrat an Jesus aus: 30 Silberstücke.

Gründonnerstag: Der Tag des letzten Abendmahls von Jesus mit den zwölf Aposteln. Er wird traditionell mit der Vesper, dem Abendgebet, gefeiert. Außerdem wird an diesem Tag der Ritus der Fußwaschungen (s .S. 29) vollzogen.

Karfreitag: In der Nacht wird Jesus gefangen genommen. Nach einem undurchsichtigen Prozess wird Jesus zum Tod am Kreuz verurteilt. Das Urteil wird noch am selben Tag vollstreckt.

Karsamstag: Jesus steigt in die Unterwelt hinab, um die Seelen der Gerechten zu erretten.

Karfreitag und Karsamstag sind die beiden einzigen Tage im Jahr, an denen keine Heilige Messe gefeiert wird. Vom Gründonnerstag an bis zur Osternacht schweigen die Glocken. Auch auf der Orgel wird in dieser Zeit nicht gespielt. In der gesamten Karwoche finden keine kirchlichen Trauungen und auch keine Taufen statt.

Die Karwoche und das Tanzverbot

Die Karwoche oder auch Stille Woche oder Trauerwoche ist die Woche vor dem Osterfest. Sie beginnt am Palmsonntag und endet am Karsamstag. In den 50er-Jahren wurden in der Karwoche keine öffentlichen Feste gefeiert. Heute gilt das sogenannte Tanzverbot fast nur noch am Karfreitag und in einigen Bundesländern wie Bayern oder Mecklenburg-Vorpommern auch am Karsamstag.

Jesus starb um 15 Uhr

Daher findet der Karfreitagsgottesdienst auch um 15 Uhr statt. Doch woher weiß man von der Uhrzeit? In der Bibel steht lediglich, dass Jesus in der neunten Stunde des Tages am Kreuz starb. Da der Beginn des Tages nach römischer Zeitrechnung damals auf 6 Uhr terminiert war, leitete man so die Todesstunde des Heilands her.

Warum werden an Ostern ausgerechnet Eier gegessen?

Seit dem 12. Jahrhundert werden bei der sogenannten Benedictio ovorum (s. S. 22) in der katholischen Kirche Eier gesegnet. Schließlich ist das Ei ein eingängiges Symbol für den Wiederbeginn des Lebens, der an Ostern gefeiert wird. Doch der massive Eierkonsum zu Ostern hatte in früheren Jahrhunderten nicht nur Symbolcharakter, sondern auch einen praktischen Nutzen. Während der 40-tägigen Fastenzeit vor Ostern waren Eier, so wie jede andere tierische Nahrung, nämlich verboten. Daran hielt man sich als guter Christ. Nicht so die Hühner im Stall, die fleißig weiter Eier legten. Wenigstens die Eier in der Karwoche versuchte man jedoch zu retten. Damit sie nicht verdarben, wurden sie gekocht. Bis Ostern hatte sich auf diese Weise ein hübscher Eiervorrat angesammelt, über den sich die vom Fasten ausgezehrten Gläubigen nur allzu gern hermachten. Die Eier, die die Hühner von Gründonnerstag bis Karsamstag legten, galten jedoch als heilig.

Benedictio ovorum – der kirchliche Segen-spruch fürs Osterei

»Segne, Herr, wir bitten dich, diese Eier, die du geschaffen hast, auf dass sie eine bekömmliche Nahrung für deine gläubigen Diener werden, die sie in Dankbarkeit und in Erinnerung an die Auferstehung des Herrn zu sich nehmen.«

Das Gründonnerstagsei

Dieses Ei ist auch als »Antlassei« bekannt. Mit ihnen tilgten Bauern früher ihren Eierzins beim Gutsherren. Das letzte Ei der Schuld wurde rot gefärbt und war dann Symbol dafür, dass die Schuld beglichen war. Heute werden die am Gründonnerstag gelegten Eier nicht mehr gefärbt, sondern lediglich mit einem D markiert. Sie galten als Heils- und Glücksbringer. Neben der Haustür eingegraben, schütze es vor Einbrüchen. Übers Haus geworfen, schütze es vor Blitzschlag. Wer ein Antlassei mit Schale verspeiste, sollte besonders alt werden. Rückenschmerzen ließen sich damit auch lindern.

Das Karfreitagsei

Die am Karfreitag von Hühnern gelegten Eier gehörten ausnahmslos den Männern. Mit einem aus Karfreitagseiern gebackenen Kuchen sollte die Liebeskraft des Mannes gestärkt werden.

Das Karsamstagsei

Bei den Karsamstagseiern handelt es sich um Eier, die von Hühnern am Karsamstag gelegt werden. Sie dürfen nicht gefärbt und nicht gegessen werden und gehören allein der Bäuerin. Als Beichteier konnten sie jedoch als Bezahlung für den Pfarrer herhalten. Man legte sie auch oft in den Dachgiebel, um das Haus vor Feuer zu schützen.

Warum werden Ostereier bunt gefärbt?

Auch hinter dieser Tradition verbirgt sich neben dem religiösen Motiv ein praktischer Nutzen. Wie bereits erwähnt, durften in der Fastenzeit keine Eier gegessen werden. Damit die Eier nicht verdarben, wurden sie gekocht. Die Fastenzeit dauerte jedoch fast sechs Wochen. Also färbte man die Eier beim Kochen Woche für Woche mit einer anderen Farbe. So wusste man genau, welche Eier wie alt sind, und aß die alten zuerst.

Die Osterzeit

Ostern ist nicht etwa am Ostermontag vorbei. Die sogenannte Osterzeit dauert ganze 50 Tage. Sie beginnt am Ostersonntag und endet an Pfingsten mit der Feier der Entsendung des Heiligen Geistes. Dann erst schließt sich der Osterfestkreis.

Der Farbcode der Ostereier

Rot steht für den Opfertod Christi, aber auch für Liebe, Lebensfreude und Wärme.

Grün symbolisiert die Hoffnung, Glück, Zufriedenheit sowie Jugend und Unschuld.

Blau steht für Unglück und Kälte.

Goldene Eier feiern die Göttlichkeit Jesu.

Gelb steht für das Licht der Sonne sowie Erleuchtung und Weisheit.

Orange symbolisiert Kraft, Ausdauer und Ehrgeiz.

Weiß ist und bleibt die Farbe der Unschuld und der Reinheit.

Welchen Unterschied gibt es eigentlich zwischen weißen und braunen Eiern?

An und für sich keinen. Bestimmte Hühnerrassen können nur braune Eier legen, und andere eben weiße. Mit dem Futter oder der Haltung der Tiere hat die Farbe des Eis nichts zu tun. Da viele Menschen aber glauben, dass braune Eier ein Zeichen von natürlicher Freilandhaltung sind, gibt es hierzulande fast nur noch Hühner, die braune Eier legen. Nur an Ostern wollen alle plötzlich weiße Eier. Die lassen sich einfach leichter bemalen. Mit Eierimporten aus ganz Europa wird dieses Problem gelöst.

Das Osterfeuer

Schon seit mehr als 1.000 Jahren sind Osterfeuer üblich. Sie werden am Karsamstag vor der Kirche angezündet. An diesem Feuer entzündet der Pfarrer dann auch die Osterkerze, die vom Karsamstag an bis Pfingsten in der Kirche brennen soll. Mit dem Osterfeuer ist zahlreicher Aberglaube verbunden. Ein Sprung über das Feuer verspricht eine reiche Ernte. Springt ein Paar Hand in Hand über das Feuer, steht ihnen eine lange gemeinsame Zukunft bevor. Ein Sturz beim Sprung übers Osterfeuer verheißt dagegen Unglück. Es lässt sich nur vermeiden, wenn man sich mit der Asche des Feuers das Gesicht schwarz färbt. Die Asche des Osterfeuers verfüttert man an die Tiere, um deren Gesundheit zu erhalten, und verstreut sie auf dem Feld, auf dass die Ernte möglichst reich werde.

Warum Ostern in der Kirche früher viel lustiger war

Nachdem die stillen Tage der Karwoche, das Büßen und das Mitleiden mit Jesus am Kreuz endlich vorüber waren, versuchten die Priester, ihre Gemeinden am Ostersonntag moralisch wieder aufzubauen und zum Lachen zu bringen. Dabei darf man sich die Priester tatsächlich als die ersten Stand-up-Comedians der Geschichte vorstellen. Es wurden anzügliche Witze erzählt, Ostermärlein (erheiternde Geschichten) oder der Priester machte sich vor versammelter Gemeinde zum Affen, indem er wie ein Schwein quiekend durch die Kirche raste. Der »Risus Pascalis«, das sogenannte Osterlachen, hatte vor allem im Mittelalter Hochkonjunktur. In den folgenden Jahrhunderten ging die Praxis immer mehr zurück. Wohl auch, weil es einige Priester übertrieben haben und selbst vor Obszönitäten nicht zurückschreckten, um ihre Schäflein zu erheitern. Manche Priester nutzten die Gelegenheit auch, um sich über ihre Vorgesetzten, Bischöfe und Kardinäle, lustig zu machen. Keine gute Idee, fanden jedenfalls die Kirchenoberen und sorgten dafür, dass das Osterlachen aus den Kirchen verschwand.

Warum der Papst an Gründonnerstag Fremden die Füße wäscht

»Vor dem Fest aber der Ostern, da Jesus erkannte, dass seine Zeit gekommen war, dass er aus dieser Welt ginge zum Vater: Wie hatte er geliebt die Seinen, die in der Welt waren, so liebte er sie bis ans Ende. Und beim Abendessen, da schon der Teufel hatte dem Judas, Simons Sohn, dem Ischariot, ins Herz gegeben, dass er ihn verriete, und Jesus wusste, dass ihm der Vater alles in seine Hände gegeben und dass er von Gott gekommen war und zu Gott ging: stand er von Abendmahl auf, legte seine Kleider ab und nahm einen Schurz und umgürtete sich. Darnach goss er Wasser in ein Becken, hob an, den Jüngern die Füße zu waschen, und trocknete sie mit dem Schurz, damit er umgürtet war.« (Joh. 13)

So steht es in der Bibel. Am Gründonnerstag, dem Tag des letzten Abendmahls, wusch Jesus den zwölf Aposteln als Zeichen der Nächstenliebe die Füße. Genau diesem Vorbild eifert der Papst nach, wenn er am Gründonnerstag zwölf fremden Menschen die Füße wäscht. Meist handelt es sich dabei um Menschen aus sozialen Einrichtungen wie zum Beispiel Krankenhäusern. 2015 ging Papst

Franziskus für das traditionelle Osterritual sogar in ein Gefängnis, wo er zwölf Häftlingen die Füße wusch. 2016 waren es dann zwölf Flüchtlinge. Unter Papst Franziskus durften auch erstmals Frauen an der Fußwaschung teilnehmen.

Warum sehen Osterprozessionen in Spanien wie Ku-Klux-Klan-Versammlungen aus?

Die typische Spitzhaube, die die Büßer auf den Osterprozessionen in Spanien tragen, sieht in der Tat beängstigend aus. Wohl vor allem wegen dieser Wirkung bemächtigten sich die rassistischen Klan-Mitglieder Ende des 19. Jahrhunderts der Kleidung, die eigentlich nichts weiter ist als ein traditionelles Büßergewand, das es schon seit mehreren Hundert Jahren gibt. Mit ihm können die sogenannten Capuchones in Anonymität Buße tun. Gefahr geht von ihnen, im Gegensatz zu verhüllten Ku-Klux-Klan-Anhängern, keine aus.

Was heißt eigentlich »Urbi et orbi«?

Jedes Jahr spendet der Papst an Ostern den Segen »Urbi et orbi«. Und zwar in mehr als 60 Sprachen. Formal übersetzt heißt »Urbi et orbi«: der Stadt und dem Erdkreis. Es handelt sich also um einen Segen, der von der Stadt (Rom) aus über den gesamten Erdkreis strömt. So wie die Liebe von Jesus Christus. Seinen Ursprung hat der kurze Segen im Verweis auf die Gültigkeit von päpstlichen Erlassen oder Dokumenten. War ein solches Papier in früheren Jahrhunderten mit einem »Urbi et orbi« versehen, galt das Dokument überall auf der Welt. Außer an Ostern ist »Urbi et orbi« nur noch an Weihnachten und direkt nach der Wahl des neuen Papstes zu hören. Mit dem »Urbi et orbi« ist ein Ablass aller Sünden verbunden, und zwar für alle, die den Segen »durch das Radio, durch das Fernsehen und durch die neuen Kommunikationsmittel empfangen«. Das war nicht immer so. Früher musste man noch bis nach Rom reisen und persönlich anwesend sein, damit der Segen wirkt.

Das größte aller christlichen Wunder: das Heilige Feuer der Grabeskirche

Jedes Jahr am Karsamstag wohnen Hunderte Menschen in der Grabeskirche von Jerusalem dem größten christlichen Wunder bei. An diesem Tag nämlich entzündet das »Heilige Feuer« zwei Kerzen, mit denen der Patriarch von Jerusalem die Grabkammer betritt. Laut Aussage des Patriarchen, nur er bekomme das »Heilige Feuer« tatsächlich zu sehen, entweicht dem Stein, auf dem der tote Jesus gebettet worden war, ein meist bläuliches Licht, das sich in jedem Jahr anders verhalte. Irgendwann bilde es jedoch eine Säule, an der er die Kerzen entzünden könne. An diesen Kerzen entzünden die in der Kirche versammelten Gläubigen dann wiederum ihre Kerzen, sodass sich das Heilige Feuer alsbald in der ganzen Kirche ausbreitet.

DIE FASTENZEIT

Vor der großen Osterschlemmerei heißt es: fasten. Und zwar 40 Tage lang. Ein exklusives Recht auf das Fasten haben die Christen aber nicht. Auch in allen anderen Religionen, ob Islam, Buddhismus oder Judentum, wird Verzicht geübt. Was entbehrungsreich und ungesund klingt, tut dem Körper und dem Geist übrigens erstaunlich gut. Hier die wichtigsten Fakten über das Fasten und die Fastenzeit.

Wo hat das Fasten seinen Ursprung?

Jesus machte das auch. Unmittelbar nach seiner Taufe begab er sich in die Wüste, wo er 40 Tage lang fastete und dabei den Versuchungen des Teufels widerstand. Auch Moses verbrachte 40 Tage fastend auf dem Berg Sinai, bevor er von Gott die Gesetzestafeln mit den Zehn Geboten empfing. Ursprünglich gab es im Christentum sogar zwei ständige feste Fastentage: den Mittwoch und den Freitag. Am Mittwoch hatte Judas Jesus verraten. Am Freitag starb Jesus am Kreuz. Neben der Fastenzeit vor Ostern gibt es auch noch eine Fastenzeit vor Weihnachten. Die begann ursprünglich am Martinstag und dauerte ebenfalls 40 Tage.

Was darf man in der Fastenzeit essen?

Die Fastenregeln änderten sich ständig. Im Mittelalter war eine Mahlzeit am Tag erlaubt. Alkohol, Eier, Fleisch und Milchprodukte waren verboten. Gegen Zahlung des »Butterpfennigs« konnte man Milchprodukte wieder in den Speiseplan aufnehmen. Bier galt übrigens nicht als Alkohol. »Liquida non fragunt ieunum«, Flüssiges bricht das Fasten nicht, wussten schon die Mönche und brauten sich in der Fastenzeit besonders starkes Bier. Aber auch sonst waren die Menschen sehr erfinderisch, wenn es darum ging, die Fastenregeln zu umgehen. So galten bis ins 18. Jahrhundert Biber als Fische. Schließlich lebten die ja im Wasser und hatten einen fischähnlichen Schwanz. Berühmt sind auch die Maultaschen, in denen schwäbische Hausfrauen das Fleisch in der Fastenzeit versteckten. Die Maultaschen tragen daher auch den Namen »Herrgottsbscheißerle«.

Der Pancake Day in England

Keine Eier, keine Butter, keine Milch. Das galt auch in der Fastenzeit in England. Daher werden am Fastnachtsdienstag aus ebendiesen Zutaten Unmengen an Pancakes zubereitet, um die Vorräte aufzubrauchen. In einigen Gemeinden finden an diesem Tag auch Pfannkuchenrennen zwischen Frauen statt. Angeblich hatte einmal eine Hausfrau einen Pancake auf dem Herd, als die Kirchenglocken zum Gottesdienst riefen. Um pünktlich zu sein und den Pfannkuchen nicht zu verbrennen, sprintete sie kurzerhand mit der Pfanne in der Hand zur Messe.

Fastenfakten

- Frauen fällt das Fasten schwerer als Männern. Das ergab eine Studie, bei der die Hirnaktivität von fastenden Männern und Frauen untersucht wurde. Während die Männer den Gedanken ans Essen verdrängen konnten, war es den Frauen nicht möglich, nicht an Essen zu denken.

- Fasten ist gut gegen Stress. Während man hungert, produziert der Körper weniger vom Stresshormon Cortisol.

- Beim Fasten steigt die Durchblutung des Gehirns. Auch die Konzentration und die Aufmerksamkeit steigen. Angeblich mobilisiert der Körper noch einmal alles, um bessere Jagderfolge sicherzustellen. Dann nämlich gibt es endlich wieder was zu essen.

- Wer fastet, lebt länger.

- Jede Fastenkur beginnt erst mal mit einer Fastenkrise, da der Körper eine Weile braucht, um sich umzustellen. Erst nach der Krise, die ein bis zwei Tage dauert, wird das Fasten nicht mehr als unangenehm empfunden.

Fasten mit Spaß!

In seiner Bergpredigt mahnte Jesus, dass es beim Fasten nicht darum ginge zu zeigen, wie leidensfähig man sei. Im Gegenteil, man solle in der Fastenzeit stets gute Miene zum leeren Magen machen: »Wenn ihr fastet, macht kein finsteres Gesicht wie die Heuchler. Sie geben sich ein trübseliges Aussehen, damit die Leute merken, dass sie fasten. Amen, das sage ich euch: Sie haben ihren Lohn bereits erhalten. Du aber salbe dein Haar, wenn du fastest, und wasche dein Gesicht, damit die Leute nicht merken, dass du fastest, sondern nur dein Vater, der auch das Verborgene sieht; und dein Vater, der das Verborgene sieht, wird es dir vergelten.«

Am Hungertuch nagen

Diese bekannte Redewendung geht auf die Fastenzeit vor Ostern zurück. Am fünften Sonntag der Fastenzeit werden seit rund 1.000 Jahren in den Kirchen die Altarkreuze mit einem violetten Tuch verhängt, dem sogenannten Hungertuch. In der Fastenzeit gab es ja nicht so viel zu beißen. Die Kreuzverhüllung wurde vor allem wegen der zahlreichen prunkvollen »Triumphkreuze«, die in den Kirchen hingen, vorgenommen. Deren Ausstrahlung passte nicht zum Leiden, das Jesus Christus am Karfreitag auf sich genommen hatte. Sie nahmen den Sieg durch die Wiederauferstehung quasi vorweg. Also verhüllte man sie, um sie in der Osternacht wieder erstrahlen zu lassen.

OSTERBRÄUCHE UND OSTERTRADITIONEN AUS ALLER WELT

Das Verrückte an Ostern ist, dass zwar alle das gleiche Fest feiern, aber die Sitten und Gebräuche sich nicht nur von Land zu Land unterscheiden, sondern mitunter sogar von Landstrich zu Landstrich. In Polen spritzt man mit Wasser aufeinander. In Griechenland schießt man mit Feuerwerksraketen auf Kirchen. In England kämpft man an Ostern um zwei Fässer Bier. In Ecuador bindet man sich einen Kaktus auf den Rücken und in Neuseeland wird gar Jagd auf Hasen gemacht.

Warum wird an Ostern Lamm gegessen?

Die Tradition, an Ostern ein Lamm zu essen, geht auf das jüdische Passahfest zurück. An Letzterem war es üblich, in Gedenken an Gott ein Lamm zu schlachten und zu verspeisen. Im 2. Buch Mose findet sich sogar ein konkreter Zubereitungshinweis für das Mahl: »Über dem Feuer gebraten und zusammen mit ungesäuertem Brot und Bitterkräutern soll man es essen ...« Das Lamm ist zudem Symbol für Jesus Christus. Er gilt als Agnus Dei, als Lamm Gottes, das die Sünden der Welt wegnimmt. In Deutschland weitverbreitet sind auch Osterlämmer aus Rührteig. Diese sind mit einer Siegesfahne, einem Symbol der Wiederauferstehung, versehen und kommen zum Osterfrühstück auf den Tisch.

Warum werden in Polen Frauen an Ostern mit Wasser bespritzt?

Sollten Sie als Frau Ostern einmal in Polen verbringen, wundern Sie sich nicht darüber, am Ostermontag von Männern oder Jungen mit einer Wasserpistole bespritzt zu werden. Das Ritual des Wasserspritzens dient einem guten Zweck: Der kurze Wasserguss soll Ihre Gesundheit und Ihre Schönheit erhalten. In manchen Gegenden spritzen die Männer jedoch nicht nur mit harmlosen Wasserpistolen, sondern stellen den Frauen mit ganzen Eimern voller Wasser nach. Der Ostermontag heißt dort daher passenderweise auch »Lany poniedziałek« (gegossener Montag).

Freiwillige Kreuzigungen auf den Philippinen

Auf den Philippinen sind rund 80 Prozent der Bevölkerung Katholiken. Während des Osterfestes ist daher das gesamte öffentliche Leben so gut wie lahmgelegt. Im berüchtigten Gefängnis von Manila zum Beispiel wird zwei Tage und Nächte lang von Gefangenen die Jesus-Geschichte vorgelesen. Und sobald in den Kirchen die Glocken läuten, ziehen Eltern ihre Kinder am Kopf in die Luft, damit diese besser wachsen. Wesentlich schmerzhafter sind jedoch die Kreuzigungen. Jedes Jahr lassen sich auf den Philippinen Dutzende Freiwillige tatsächlich ans Kreuz nageln oder geißeln sich stundenlang mit Bambuspeitschen. Manche ziehen mit Dornenkrone und Kreuz durch die Straßen und lassen sich Arme, Beine und Rücken blutig schlagen. Zu den ausdauerndsten Gläubigen gehört Ruben Enaje aus Pampanga, der sich bereits 30-mal kreuzigen ließ. Seit der ehemalige Bauarbeiter einen lebensgefährlichen Sturz bei seiner Arbeit überlebt hat, will er Gott auf diese Weise seine Dankbarkeit zeigen. Ein gewisser Fernando Mamamgon, der die Tortur ebenfalls schon mehrere Male auf sich genommen hat, kommentierte seine Kreuzigung mit Worten: »Wenn ich ans Kreuz genagelt bin, fühle ich mich so erfrischt.« Manche Gemeinden unterstützen die freiwilligen Büßer finanziell, schließlich lockt das Spektakel Touristen an. Das philippinische Gesundheitsministerium weist die Büßer auf den hilfreichen Segen von Tetanusimpfungen hin und empfiehlt, die Bußgeißeln gut zu pflegen, da Verschmutzungen zu Krankheiten führen können.

Das Ostereiorakel

In Schleswig-Holstein war es früher üblich, dass ledige Mädchen an Ostern Eierschalen vor die Tür legten und den ersten Mann, der an ihnen vorbeiging, nach seinem Beruf fragten. Diesen Beruf würde ihr Zukünftiger dann nämlich auch haben.

Der Bottle Kick im englischen Hallaton

Die Engländer gehören zu den lustigsten Völkern auf dieser Welt. Egal, was sie anpacken, es endet meist damit, dass junge Männer betrunken Lieder singen. So auch beim Bottle Kick in Hallaton in der Nähe von Leicester. In dem kleinen Städtchen lustwandelten einst zwei Damen. Als jedoch ein Stier auf die beiden aufmerksam wurde und nervös mit den Hufen scharrte, war es vorbei mit der Muße. Doch die beiden Damen wurden errettet, und zwar von einem Hasen, der den Stier ablenkte, sodass sich die Damen in Sicherheit bringen konnten. Die beiden Frauen schenkten daraufhin dem örtlichen Pfarrer ein hübsches Sümmchen Geld, auf dass er an Ostern an die Armen zwei Fässer Bier und einen Hasen-Pie verteile. Das tat der gute Mann auch, allerdings mündete die Verteilung stets in einer ordentlichen Rauferei. Als dann noch Männer aus der Nachbargemeinde Medbourne das Bier am Vortag der Verteilung klauten, lief das Fass über. Die Hallatoner Jungs holten es sich wieder. Tja, und seitdem kämpfen beide Gemeinden jedes Jahr um zwei kleine Bierfässer. Den Wettkampf muss man sich als Rugbyspiel vorstellen. Nur dass der Ball ein kleines leeres Bierfässchen ist. Die Regeln sind auf das Nötigste reduziert: keine Augen ausstechen. Kein Würgen. Keine Waffen. Am Ende sind, egal, wer der Sieger ist, alle mal wieder betrunken.

Der Raketenkrieg von Chios

Jeder, der schon einmal Silvester in Berlin-Marzahn gefeiert hat, glaubt, eine Ahnung vom Krieg zu haben. Doch die Pyro-Schlacht der Berliner ist nichts gegen den sogenannten Raketenkrieg von Chios. Chios ist eine kleine griechische Insel. Auf dieser gibt es ein Dorf mit zwei rivalisierenden Kirchengemeinden. Deren Kirchen liegen sich jeweils auf einem Berghang genau gegenüber. Ziel des Raketenkrieges ist es, den Glockenturm der anderen Gemeinde zu treffen. Die Raketen dafür entstehen in Handarbeit. Die Produktion beginnt meist gleich nach dem Osterfest. Um Kollateralschäden mit dem im Tal liegenden Dorf zu vermeiden, wird jede Salve mit einem tutenden Horn angekündigt. Dann heißt es Deckung! Am Tag nach Ostern wird Frieden geschlossen. Man brüstet sich jedoch noch lange mit der Zahl der erfolgreichen Kirchturmtreffer.

Wer hat das stärkste Osterei?

Der Brauch des Ostereiertitschens ist in Deutschland vor allem in Bayern verbreitet. Man kennt es aber auch in anderen Ländern, etwa in Russland, Schweden, in der Schweiz oder in Norditalien. Die Regeln sind dabei von Region zu Region unterschiedlich. Folgende Grundregeln gelten beim Titschen: Jeder der zwei Mitspieler hält ein hart gekochtes Ei so in der Faust, dass die Spitze aus der Hand schaut. Nun schlagen beide ihre Eier mit der Spitze gegeneinander. Zerbricht die Schale des eigenen Eis, verliert man es an den Kontrahenten. Bleiben beide Eier ganz, wird das Spiel wiederholt. Zerbrechen beide Schalen, kämpft man mit demselben Ei »Arsch gegen Arsch«, also mit dem flachen Boden, weiter.

Alle Eier fliegen hoch

In Frankreich nutzen Kinder ihre Ostereier, um ihre Geschicklichkeit und Kraft zu messen. Dazu werfen sie ihre Schokoladeneier auf Kommando gleichzeitig in die Luft. Wessen Ei als Erstes zu Boden fällt, verliert es. In Bulgarien bewirft man sich dagegen mit rohen Eiern. Das geht meistens schief. Gelingt es jemandem aber doch, einen anderen zu treffen, ohne dass sein Ei kaputtgeht, steht ein glückliches Jahr ins Haus.

Mythos Fabergé-Ei

Jeder kennt die kleinen, aufwendig gestalteten Eier aus Edelsteinen und Gold. Doch kaum jemand weiß, dass es sich dabei früher tatsächlich um waschechte Ostereier gehandelt hat. Auch in Russland ist es seit dem 17. Jahrhundert üblich, sich an Ostern Eier zu schenken. 1885 wollte Zar Alexander III. seine Frau mit einem ganz besonderen Ei überraschen. Also gab er beim Hofschmied Fabergé ein Ei in Auftrag. Dieser fertigte das Hennenei an. Die emaillierte Schale enthielt einen Dotter aus Gold. Das Geschenk kam so gut an, dass Alexander fortan jedes Jahr ein Ei in Auftrag gab. Und mit jedem Jahr versuchte Fabergé, sein Ei noch pompöser zu gestalten. Später verschenkte der Zar nicht nur ein Ei, sondern orderte Eier für seine ganze Familie. Andere Adelige oder reiche Bürgersleute sprangen auf den Trendzug auf und ließen sich ebenfalls kostbare Eier anfertigen, um damit an Ostern zu protzen. 2007 erzielte das bis dahin teuerste Fabergé-Ei bei einer Auktion einen Preis von 12,5 Millionen Dollar. Noch mehr Glück hatte 2014 ein Schrotthändler in den USA. Er kaufte auf dem Flohmarkt ein goldenes Ei, das sich als echtes, besonders altes Fabergé-Ei entpuppte: mit einem Schätzwert von 33 Millionen Dollar.

Warum werden in Irland an Ostern Heringe begraben?

Es wirkt ein wenig merkwürdig, wenn in Irland an Ostern in einer Prozession Heringe zu Grabe getragen werden. Mit allem Pomp. Doch wenn man bedenkt, dass die armen Katholiken den Fisch die letzten 40 Tage auf dem Speiseplan stehen hatten, weil alles andere in der Fastenzeit mal wieder verboten war, wirkt die Grablegung des Herings keineswegs mehr so übertrieben. Danach kommen übrigens traditionell Speck, Weißkohl und Kartoffeln auf den Tisch.

Welcher amerikanische Präsident »erfand« das Eierrollen im Weißen Haus?

Jedes Jahr lädt der amerikanische Präsident Zehntausende Familien am Ostersonntag ins Weiße Haus zum »Easter Egg Roll« ein. Beim Eierrollen müssen die Eier mit einem Kochlöffel durch das Gras um die Wette gerollt werden. Keine leichte Aufgabe, vor allem, wenn das Gras ein bisschen höher steht. Die Tradition des Eierrollens stammt aus Europa und wurde von Briten nach Übersee gebracht. 1814 gab es das erste öffentliche Eierrollen. Die Frau des Präsidenten James Madison hatte die Idee dazu. Damals fand das Event noch auf dem Rasen des Capitols statt. Doch nachdem ein Gesetz verbot, den Capitolrasen zu betreten, damit er nicht kaputt getreten wird (auch in den USA scheint es nervige Hausmeister zu geben), wurde das Eierrollen in den Garten des Weißen Hauses verlegt. Dort wurde es von Jahr zu Jahr beliebter.

Hau die Piñata

In Spanien wissen die Kinder zwar ganz genau, wo ihre Süßigkeiten versteckt sind, dennoch müssen sie eine ganze Weile danach suchen. Die Leckereien stecken in einer sogenannten Piñata, einer Figur aus Pappmaschee. Die wird an einen Baum gehängt, dem Kind werden die Augen verbunden, es bekommt einen Stock in die Hand und wird ein paarmal um sich selbst gedreht. Nun muss es versuchen, mit dem Stock die Piñata zu zerschlagen, damit es dann die Süßigkeiten einsammeln kann, die dann herausfallen. Das ist kein leichtes Unterfangen, denn man muss schon kräftig ausholen, um die Piñata zu zerstören. Schlägt man mit Schwung an der Figur vorbei, setzt man sich, sehr zur Freude der Umstehenden, garantiert auf den Hosenboden.

Ein Land in Gelb

In Schweden hat der Osterhase über die Feiertage frei. Die Eier werden hier nämlich vom Osterküken gebracht. Die Farbe seines Federkleides ist dann auch Vorbild für den Osterschmuck am Osterstrauch. Ostern ist in Schweden gelb.

Jetzt gibt's was mit der Rute

Da es in Dänemark keine Palmwedel gibt (Sie erinnern sich, mit ebenjenen wurde Jesus bei seinem Einmarsch in Jerusalem begrüßt), hauen sich die Menschen in Dänemark an Ostern mit Birkenruten.

Eier im Sieb

Für das sogenannte »Egg shackling«, welches in Großbritannien praktiziert wird, braucht man rohe Eier und ein Sieb. Das Spiel funktioniert so: Jedes Familienmitglied sucht sich ein Ei aus und schreibt seinen Namen darauf. Dann werden alle Eier in ein Sieb gelegt, das so lange geschüttelt wird, bis die Eier kaputtgehen. Das letzte heile Ei gewinnt.

Brennende Osterräder

In Lügde bei Bad Pyrmont beginnt der Ostersonntag mit einer schweißtreibenden Arbeit. Sechs hölzerne Wagenräder mit einem Durchmesser von 1,70 Metern müssen vom Dorf aus auf den 285 Meter hohen Osterberg gerollt werden. Die Räder sind zwischen den Felgen mit Stroh ausgestopft. Sobald es am Abend dunkel wird, wird das Stroh entzündet und die sechs Räder rollen mit Tempo 80 km/h Richtung Tal. Kommen alle Räder heil unten an, steht ein gutes Erntejahr bevor. Auf dem Weg müssen die Feuerräder jedoch allerlei Hindernisse passieren: Steine, Hecken und sogar Zäune.

No Osterhase please, we are Australians

In Australien ist man auf den Osterhasen überhaupt nicht gut zu sprechen. Der Grund ist die australische Hasen- und Kaninchenplage. Beide Tiere gehören zu den einge- schleppten Tierarten. Vor allem die Kaninchen machen den Einheimischen besonders zu schaffen. Sie fallen über die Ernte und sonstige Vegetation her, trinken die Wasser- löcher leer und zerstören so die Lebensgrundlage einhei- mischer Tiere. 1920 soll es 10 Milliarden Kaninchen in Australien gegeben haben. Sie wurden und werden mit Giftgas, Sprengstoff und Killerviren zur Strecke gebracht. Sogar einen mehr als 3000 Kilometer langen Zaun quer durchs Land baute man. Doch erst die sich ausbreitende Kaninchenpest minderte das Problem wirklich. Heute le- ben noch etwa 300 Millionen Kaninchen im Outback. Kein Wunder, dass die Australier ihre Ressentiments gegen- über Hasen auch an Ostern nicht wirklich verbergen kön- nen. Den Job, an Ostern die Eier zu bringen, hat daher der einheimische Bilby übernommen. Dabei handelt es sich um einen Kaninchennasenbeutler. Bilby kann ebenfalls hoppeln und hat lange Ohren, ist aber leider wegen der Kaninchen auch vom Aussterben bedroht.

Good Friday? Warum der Karfreitag im Englischen ein guter Tag ist

Im Deutschen nennt man die Woche vor Ostern Karwoche. Der Tag, an dem Jesus starb, ist der Karfreitag, auf den der Karsamstag folgt. Der Begriff »Kar« leitet sich aus dem Althochdeutschen ab. Dort bedeutet das Wort »Kara« so viel wie »Kummer, Trauer oder Klage«. Sehr passend zum Anlass. Im Englischen ist der Karfreitag jedoch der »Good Friday«, der gute Freitag. Trauer drückt sich in dieser Bezeichnung nicht aus. Den Engländern ist das selbst ein wenig unangenehm. Obwohl es keine Beweise gibt, verweisen sie eifrig darauf, dass »Good Friday« sich vielleicht aus »God's Friday« ableite. Es könnte auch sein, so jedenfalls steht es im Oxford English Dictionary, dass »good« nicht als »gut«, sondern eher im Sinne von »heilig« verwendet wird. Findige Theologen haben aus der Not aber längst eine Tugend gemacht. Sie sagen, dass es natürlich etwas Gutes hatte, dass Jesus am Kreuz gestorben sei. Denn nur so haben wir Menschen Vergebung, Barmherzigkeit und Frieden erlangen können. Und so kann man in diesem blutigen und leidvollen Tag durchaus einen Triumph des Guten über das Böse sehen. Es war eben ein guter Freitag für die Menschheit.

Die große Osterhasenjagd

Spaß ist etwas anderes. Jedenfalls für die Hasen in Neuseeland. Denen geht es nämlich bei der »großen Osterhasenjagd« an den Kragen. Von Karfreitag bis zum Nachmittag des Karsamstags stellen rund 500 Jäger den Hasen nach. Um mehr als 20.000 Tiere schrumpft so die Hasenpopulation im Land. Ähnlich wie in Australien gelten Hasen in Neuseeland als Schädlinge. Die Ostereier bringt daher auch der Kiwi.

Näher bei Gott

Jedes Jahr an Karfreitag klettern mehr als 20.000 Einwohner von Bogotá (Kolumbien) auf den Berg Monserrate. Kein leichter Weg. Immerhin müssen die Pilger rund 600 Höhenmeter zurücklegen. Der Weg, der den 3.200 Meter hohen Berg hinaufführt, ist dabei so überlaufen, dass er von Polizisten bewacht wird. In der Kirche beten die Gläubigen vor einer Jesusfigur aus dem Jahr 1640. Sie ist eine der ältesten christlichen Reliquien Lateinamerikas.

Buße mit Kakteen

Auch in Ecuador wird das Osterfest mit heiligem Ernst begangen. Auf den Karfreitagsprozessionen beladen sich Gläubige mit schweren Holzkreuzen, die sie für Stunden durch die Menschenmenge tragen. Besonders leidenswillige Büßer binden sich zusätzlich Kakteen auf den Rücken. Und die Fußfesseln, die jeden Schritt erschweren, dürfen natürlich auch nicht fehlen. Karfreitag, sagt man in Ecuador, sei der einzige Tag des Jahres, an dem man vor Taschendieben sicher sei.

Wo Heilige vom Himmel fallen

Die Ostersonntagsprozession im spanischen Elche gehört zu den fröhlichsten überhaupt. Der Zug durch die Stadt wird von mehr als einer Million bunter Zettel begleitet, die vom Straßenrand und aus den umliegenden Häusern in die Luft geworfen werden. Die sogenannten Hallelujas sind mit Heiligenbildchen und Bibelsprüchen bedruckt. Wem es gelingt, eines der Bildchen zu fangen, bevor es auf den Boden fällt, darf sich auf glückliche Zeiten freuen.

Frisches Licht

Abgesehen davon, dass Ostern in Griechenland eine Woche später gefeiert wird, gibt es dort noch weitere Regeln zu beachten, um nicht ins Feier-Fettnäpfchen zu treten. An Karfreitag sollte man sich auf keinen Fall mit einer weißen Kerze in der Kirche blicken lassen. Karfreitagskerzen müssen braun sein. Erst an Ostersonntag, dem Tag der Wiederauferstehung, kommen die weißen Kerzen zum Einsatz. Das Licht für diese wird von griechischen Klöstern extra aus Jerusalem eingeflogen und stammt von jenem sagenumwobenen Heiligen Feuer, das sich am Karsamstag in der Grabeskirche angeblich selbst entzündet. (s. S. 32) Ohne »frisches Licht«, so die Nonnen und Mönche, ist eine ordentliche Osterfeier nicht möglich.

Peitschende Teufel

Für junge Männer in El Salvador gerät Ostern zum Geschick-
lichkeitswettbewerb. Dort gehören sogenannte »talciguines«
zur österlichen Prozession. Dabei handelt es sich um ganz in
Rot gewandete Teufel, die mit Peitschen nach jungen Männern
schlagen. Die wiederum versuchen, den Schlägen auszuwei-
chen, was ihnen aber nicht immer gelingt. Das Ritual soll den
Kampf zwischen Jesus und dem Teufel symbolisieren.

UNVERGESSLICHE OSTERFESTE

Nicht jedes Osterfest gleicht dem anderen. Es wird begleitet von Pleiten, Pech und Pannen, wissenschaftlichen Experimenten, bösen Wetterkapriolen, sportlichen Erfolgen oder so findigen Ideen wie dem Kreuzverleih zu Jerusalem, der an Ostern natürlich Hochkonjunktur hat.

Jesus und die Zauberpilze

Am Karfreitag 1962 unternahm der Mediziner und Theologe Walter Pahnke von der Harvard University ein außergewöhnliches Experiment: Er verabreichte zehn Theologiestudenten Zauberpilze und schickte sie anschließend in den Karfreitagsgottesdienst. Auf diese Weise wollte er untersuchen, inwieweit Drogen spirituelle Erfahrungen auslösen oder gar prägen können. Noch 25 Jahre später berichteten die damaligen Theologiestudenten, die meisten waren mittlerweile Pfarrer, dass sie an jenem Tag die wichtigste spirituelle Erfahrung ihres Lebens gemacht hatten.

Ostern ohne Papst?

2005 wäre es fast dazu gekommen. Lange Zeit sah es so aus, dass in diesem Jahr der traditionelle Segen »Urbi et orbi« am Ostersonntag ohne den schwerkranken Papst Johannes Paul II. stattfinden würde. Doch dann stellte sich der Papst für eine Viertelstunde doch noch ans Fenster zum Petersplatz und versuchte, zu den Tausenden zu sprechen. Er brachte jedoch kein Wort heraus und segnete die Menschenmenge lediglich mit einem Kreuzzeichen.

Ihr Sünderlein, kommet

2011 schaltete der Nürnberger Dekan Dirk Wessel eine ganz besondere Todesanzeige. Er lud darin am Karfreitag zur Trauerfeier für einen gewissen Josef Ben Josef, genannt »Der König der Juden«. Der Dekan begründete die ungewöhnliche Maßnahme damit, dass viele Menschen gar nicht mehr wüssten, was am Karfreitag gefeiert werde.

Papst zähmt Kommunisten

2012 war der Karfreitag in Kuba erstmals Feiertag. Halleluja! Doch warum hat es so lange gedauert? Im kommunistischen Kuba waren christliche Feiertage natürlich strengstens verpönt. Lediglich Weihnachten genehmigte Staatsführer Fidel Castro der Bevölkerung. Dass der Karfreitag zum Feiertag wurde, verdanken die Kubaner der Fürsprache des damaligen Papstes Benedikt XVI., der das Land im selben Jahr besuchte. Castro gab der Bitte des Papstes statt, er betonte allerdings, dass die Entscheidung nur für ein Jahr gelte und das Parlament letztlich darüber entscheiden müsse, ob der Karfreitag ein regelmäßiger Feiertag werden könne. Zwei Jahre später war es so weit. Seit 2014 dürfen die Kubaner Karfreitag wie der Rest der Welt auch feiern. Papst Benedikt XVI. hatte übrigens ein prominentes Vorbild. Den Weihnachtsfeiertag hatte niemand Geringeres als Papst Johannes Paul II. auf seiner Kubareise 1998 bei Fidel Castro herausgeholt.

Ostern auf dem Eis

2013 erlebten 223 Letten eine ziemlich böse Osterüber-
raschung. Sie waren am Karfreitag wie in Lettland üblich
statt in die Kirche zum Eisfischen gegangen. Keine gute
Idee. Denn das bereits einsetzende Tauwetter sprengte
zwei Eisschollen ab, auf denen sich ebenjene 223 Angler
befanden und die nun Richtung Meer trieben. Mit Hub-
schraubern, Eisbrechern und Schleppschiffen konnten
jedoch alle gerettet werden. Ein kleines Osterwunder, war
doch die kleinere der beiden Eisschollen bereits vier Kilometer von der Küste abgetrieben.

Ban the bomb – die Geschichte der Ostermärsche

Der erste Ostermarsch weltweit fand im Jahr 1958 in London statt. Dort demonstrierten einige Tausend Kernwaffengegner mit dem Slogan »Ban the bomb« für nukleare Abrüstung. Doch warum protestierten sie ausgerechnet an Ostern? Ganz einfach: In England ist Ostern traditionell ein Termin für politische Kundgebungen. Zwei Jahre später entdeckte dann auch die deutsche Friedensbewegung das Osterdatum für sich. 1960 fand in Deutschland der erste Ostermarsch mit immerhin 1.000 Teilnehmern statt. Ihren Höhepunkt erreichten die Demonstrationen 1968, als 300.000 Menschen für Frieden und Abrüstung auf die Straße gingen. Mittlerweile zählen die Ostermärsche nur noch rund 10.000 Teilnehmer.

Jeder nur ein Kreuz!

Der Israeli Mazzin Kanaan betreibt in Jerusalem einen Kreuzverleih. Sein Geschäft befindet sich in der Nähe der Verurteilungskirche. Diese ist Ausgangspunkt der Via Dolorosa, also jenem Weg, den Jesus vor mehr als 2.000 Jahren zu seiner Kreuzigung zurücklegte. Vor allem zur Osterzeit wollen zahlreiche Pilger aus aller Welt es Jesus gleichtun und machen sich mit den selbst geschreinerten Kreuzen von Kanaan auf, den Leidensweg Christi abzuschreiten. Die Kreuze wiegen zwischen 5 und 50 Kilogramm. Indonesier entscheiden sich stets für das schwerste Kreuz, Italiener für das leichteste. Die deutschen Touristen bevorzugen Gewichtsklasse M mit etwa 18 Kilogramm.

Car-Freitag: Gib Gummi!

In der Tuning-Szene, also bei Menschen, die ihr Auto mit blitzenden Felgen, riesigen Auspuffrohren, aufwendigen Lackierungen und einer sich auf der Motorhaube rekelnden Botox-Schönheit pimpen, ist der Karfreitag ebenfalls einer der wichtigsten Tage des Jahres. Allerdings wird er dort als Car-Freitag begangen. Genehmigt ist die Veranstaltung, zu der sich regelmäßig 2.000 bis 3.000 Tuner treffen, freilich nicht, da sie gegen das Feiertagsgesetz verstößt. Der Polizei sind die Autoschrauber, die statt Jesus lieber Chrom und Bremsspur im Asphalt anbeten, daher ein Dorn im Auge. Es hagelt Platzverweise und Beanstandungen wegen allzu opulenter Fahrzeuganbauten.

Warum heißt die Osterinsel Osterinsel?

Die Insel wurde 1722 von niederländischen Seefahrern an einem Ostersonntag entdeckt, also nannten sie das Eiland Osterinsel. Auf Polynesisch heißt die Insel im Südostpazifik Rapa Nui. Berühmt wurde sie aufgrund der 240 steinernen Statuen, die sogenannten Moais, die überall auf der Insel stehen. Im Schnitt sind diese Statuen vier Meter hoch und wiegen über zwölf Tonnen.

Ja, ist denn heut schon Ostern?

In Esslingen am Neckar fand Ostern 2010 am 24. Dezember statt. Jedenfalls wenn es nach den Redakteuren der Esslinger Zeitung gegangen wäre. Die hatten auf der Titelseite ihrer Weihnachtsausgabe allen Esslingern ein »fröhliches und gesegnetes Osterfest« gewünscht. Der Fauxpas war am nächsten Tag natürlich Stadtgespräch.

Ostermeister

2013 hätte der FC Bayern zum ersten Mal bereits an Ostern Meister sein können. So groß war der Vorsprung vor der Konkurrenz. Es klappte dann allerdings erst am 6. April, eine Woche nach Ostersonntag. Im Jahr darauf konnten die Bayern-Spieler Ostern tatsächlich bereits als Meister feiern. Sie tüteten den Titel am 25. März ein. Zugute kam ihnen, dass Ostern 2014 erst am 20. April gefeiert wurde.

Sein schwerstes Rennen

Am Ostersonntag 2003 fand in der Formel 1 der Große Preis von San Marino statt. Ein außergewöhnliches Rennen, dessen Sieger hinterher auf dem Podium weder jubelte noch wie üblich mit Champagner um sich spritzte. Stunden zuvor war seine Mutter verstorben. Es war der erste Saisonsieg für den Formel-1-Piloten nach zuvor drei verkorksten Rennen. Später wurde er, auch dank der Punkte aus dem Rennen in San Marino, Weltmeister. Zum sechsten Mal. Viele sagten damals, man könne doch kein Autorennen fahren, wenn zuvor die Mutter gestorben sei. Michael Schumacher entgegnete seinen Kritikern später in einer Pressemitteilung, dass seine Mutter es immer geliebt habe zuzusehen, wenn er und sein Bruder Ralf Rennen fahren.

My Sweet Lord

Für Bill Donohue, den Vorsitzenden der Katholischen Liga in den USA, war es »eine der schlimmsten Verletzungen christlicher Gefühle, die es je gegeben hat«, die sich das Roger Smith Hotel in der Karwoche des Jahres 2007 geleistet habe. Doch was genau war geschehen? Das Roger Smith Hotel ist nicht einfach nur ein Hotel, sondern verfügt zusätzlich über eine Galerie, in der zeitgenössische Kunst gezeigt wird. Das Ausstellungsstück, welches die Gefühle von Bill Donohue so in Wallung brachte, war ein fast zwei Meter großer Schokoladen-Jesus. »My Sweet Lord« nannte sich das Kunstwerk, das aus 100 Kilogramm Vollmilchschokolade modelliert worden war und den Heiland mit ausgebreiteten Armen an einem unsichtbaren Kreuz hängend darstellte.

Warum sich nicht selbst beschenken?

Das Schönste an Ostern? Sind natürlich die freien Tage. Endlich ist man vier Tage ungestört. Genau das dachte sich 2015 auch eine Gruppe von Rentnern aus London, die sich am Gründonnerstag in einer Bank einsperren ließ und diese über die Osterfeiertage in aller Ruhe ausräumte. Die Zeit brauchten die Diebe aber auch, um sich durch eine 50 Zentimeter dicke Betonwand in den Panzerraum zu bohren. Hinzu kam noch, dass die Bande am Karsamstag auf die Schnelle eine Hydraulikpumpe besorgen musste, um die Schließfächer leichter von der Wand zu sprengen. Am Ende erbeuteten die Diebe Schmuck und Juwelen im Wert von 18,5 Millionen Euro. Allerdings konnten sich die Gauner nur zwei Monate an ihrer Beute erfreuen. Dann wurden sie von Scotland Yard geschnappt.

Geldsegen dank Jesus

Ein ganz besonderes Ostern erlebte der junge Südkorea-
ner Sun Myung Moon am 17. April 1935. Es war ein Ostersonntag, als Jesus Christus dem damals 16-Jährigen erschien und ihn aufforderte, seine Mission auf Erden zu
vollenden. Das versuchte Moon und gründete die sogenannte Vereinigungskirche. Schon bald stellte sich aber
heraus, dass Moon weniger das Seelenheil seiner Anhän-
ger im Sinn hatte, sondern vielmehr nach ihrem Geld
trachtete und dabei vor Repressalien nicht zurückschreck-
te. Dennoch gelang es Moon, mithilfe der Vereinigungskirche ein weitverzweigtes und so erfolgreiches Firmenim-
perium aufzubauen, dass er zum Milliardär wurde.

Kein Geldsegen trotz Jesus

Ostern ist kein gesetzlicher Feiertag. Wer an diesem Tag arbeitet, hat daher keinen Anspruch auf den tariflich vereinbarten Feiertagszuschlag. Diese traurige Wahrheit mussten die Beschäftigten einer Großbäckerei in Erfurt machen. Jahrelang hatten sie für ihre Arbeit am Ostersonntag den Feiertagszuschlag erhalten. Dann jedoch nicht mehr. Als sie dagegen klagten, stellte das Gericht fest, dass am Ostersonntag nur der Sonntagszuschlag zu zahlen sei. Lediglich der Karfreitag und der Ostermontag seien gesetzliche Feiertage, an denen der volle Zuschlag fällig ist.

Psychedelische Ostern

Das wohl verrückteste Osterfest findet in der Nacht von Ostersamstag auf Ostersonntag in der Nähe von Stemwede in Niedersachsen statt. Dort feiern Hunderte Menschen in einem Wald unter dem Motto »Psychedelische Ostern« ein Osterfest der etwas anderen Art. Teilnahme erst ab 18. (»Keine Muttizettel«, sagt der Veranstalter.)

OSTERABERGLAUBE

Ostern ist ein mythisches Fest. Vor allem die Wiederauferstehungsgeschichte nährte den Aberglauben der Menschen. Und so hielten sie sich an allerlei Regeln, um es sich mit Gott nicht zu verscherzen. Vor allem Gesundheit und Wohlstand erhofften sich die Menschen. Aber an Ostern ließ sich auch fürs ganze Jahr verhüten oder mit Eiern ein Heiratsantrag machen.

Aberglaube an Gründonnerstag

– An Gründonnerstag kommt vorwiegend Grünes auf den Tisch. Spinat zum Beispiel oder frische Kräuter. Wer es schafft, an diesem Tag neun verschiedene Kräuter zu essen, der bekommt kein Fieber.

– Äpfel versprechen an Gründonnerstag ebenfalls medizinische Wunder. Verspeist man einen solchen nämlich mit Stiel und Kerngehäuse, bleibt man ein ganzes Jahr gesund.

– Auch Geldprobleme lassen sich an Gründonnerstag lösen. Alles, was man dazu benötigt, sind Honig, Hirse und Linsen. Wer diese drei Lebensmittel verspeist, dem geht das Geld niemals aus.

– Brot wird an Gründonnerstag nicht gebacken. Jedenfalls nicht von Bauern. Tun sie es nämlich, bleiben die Felder im Sommer trocken und die Ernte ist dahin.

– Wäsche sollte man an diesem Tag auch nicht aufhängen. Man läuft sonst Gefahr, dass ein Familienmitglied noch im selben Jahr das Zeitliche segnet.

Aberglaube an Karfreitag

— Finger weg vom Wasserglas! Wer an Karfreitag Wasser trinkt, hat das ganze Jahr über Durst.

— Aus dem Haus geht man an diesem Tag besser nur in geputzten Schuhen, vor allem, wenn man übers Feld läuft. Schmutzige Schuhe sorgen dafür, dass das Getreide brandig wird, also vom Steinbrand befallen wird. Es riecht dann fischig, sieht wie verbrannt aus und ist nicht mehr genießbar.

— Wer an Karfreitag stirbt, wird selig.

— An Karfreitag gesätes Saatgut gedeiht besonders gut und ist sehr ertragreich.

— Wer an Karfreitag seine Wohnung oder sein Haus putzt, kann mit saubereren vier Wänden rechnen als an anderen Putztagen. Geputzt werden darf jedoch nur von der Tür weg. Die Treppen darf man nicht hinunter, sondern nur hinauf fegen. Das Waschen von Wäsche ist allerdings – wie in der gesamten Karwoche – verboten. Wer es dennoch tut, ist eine Hexe.

— Spätestens jetzt sollte man angefangene Arbeiten beendet haben, falls man es nicht schafft, hat man mit ihnen kein Glück.

- Der Karfreitag taugt sogar zur Verhütung. Frauen, die an diesem Tag geriebenes trockenes Brot mit Mehl vermischen und essen, werden ein Jahr lang nicht schwanger.

- Ein an Karfreitag aus einem Sargnagel gefertigter Ring schützt vor der Gicht.

- Bauern beobachten an Karfreitag auch das Wetter mit Argusaugen, denn sie wissen: Wenn's dem Herrn ins Grab regnet, so gibt's einen trockenen Sommer.

Allgemeiner Osteraberglaube

- Wenn in der Osternacht vier nackte Mädchen an die vier Wände eines Hauses klopfen, bleibt Ungeziefer fern.

- An den Ostertagen werden nur Glückskinder geboren.

- Tritt man an einem Ostertag nicht barfuß auf den Stubenboden, so ist man vor Fieber sicher.

- Wer Ostern einen Vogel tötet, zieht sich den Zorn Gottes zu.

- Schenkte ein junges Mädchen einem Mann sechs Eier zu Ostern, sagte sie ihm damit, dass sie ihn heiraten wolle.

Warum liegen Bauernregeln bei der Wettervorhersage immer richtig?

Bauern sind einfach schlauer, als viele denken. Ihre Wettervorhersagen stimmen immer, weil man sich unter den zahlreichen existierenden Wetterregeln einfach diejenige heraussuchen kann, die passt. Allein fürs Osterfest gib es nämlich mehr als ein Dutzend Regeln:

Palmsonntag

- Ist der Palmsonntag ein heiterer Tag, für den Sommer ein gutes Zeichen sein mag.

- Wenn's den Buben auf die Palmbesen schneit, so regnet's an Ostern der Jungfrau auf die Kränze.

- Kommen am Palmtage die Palmen trocken nach Haus, so kommen die Garben trocken in die Scheuer.

Karfreitag

- An Gründonnerstag und Karfreitag Regen, gibt selten Erntesegen.

- Wenn ein Karfreitag Regen war, folgt trocknes, aber fruchtbares Jahr.

- Wenn es an Karfreitag regnet, gibt es den ganzen Sommer über große Trockenheit.

- Karfreitag Sonnenschein, bringt uns reiche Ernte ein.

- Wie der Wind ist am Karfreitag, wird er sein das ganze Jahr.

Ostersonntag

- Osterregen bringt magere Kost, Ostersonne fette und reichliche.

- Wenn's Ostern am wenigsten regnet, so regnet's alle Sonntag bis Pfingsten.

- Wenn's Ostern regnet, ist die Erde den ganzen Sommer über durstig.

- Ein Wind, der von Ostern bis Pfingsten regiert, im ganzen Jahr sich wenig verliert.

- Wenn zu Ostern die Sonne scheint, sitzt der Bauer am Speicher und weint.

OSTERSTATISTIKEN UND DIE VERRÜCKTESTEN OSTERREKORDE

Ostern wird weltweit von 2 Milliarden Menschen gefeiert. Darunter finden sich natürlich auch einige, die Jesus ein wenig die Schau stehlen und auf sich selbst aufmerksam machen wollen. Sie bauen gigantische Schokoladenhasen oder verstecken eine halbe Million Ostereier. Doch auch das Fest selbst sorgt auf der ganzen Welt für Zahlen, die einen staunen lassen.

Ostern in Zahlen

- An Ostern werden in Deutschland 200 Millionen Schokohasen produziert. Das sind 50 Millionen Hasen mehr, als Weihnachtsmänner hergestellt werden. Etwas mehr als 40 Prozent der Hasen werden ins Ausland exportiert. Die Zahl der echten in Deutschland lebenden Feldhasen beläuft sich auf 4 Millionen.

- Jährlich geben die Deutschen 20 Millionen Euro für Eierfarbe, Pinsel und andere Utensilien zum Dekorieren von Eiern aus.

- Aneinandergelegt könnte man mit der Zahl der weltweit produzierten Osterhasen die Erde zweimal umrunden.

- Allein an Ostern isst jeder Deutsche durchschnittlich 1,1 Kilogramm Schokolade. Im gesamten Jahr sind es 9,5 Kilogramm.

- Die Produktion eines Schoko-Osterhasen dauert etwa sechs Minuten.

- Ein hart gekochtes Osterei hat 85 Kalorien. Ein kleines Schokoladen-Nougat-Ei dagegen nur 80 Kalorien.

- 10 Prozent des Lammfleischkonsums fallen auf Ostern.

- In der Osterzeit werden dreimal mehr Eier gegessen als sonst.

- Heutige Hühner legen durchschnittlich 0,8 Eier am Tag. Vor 50 Jahren kamen Hühner nur auf die Hälfte der Zahl. Das Urhuhn legte gar nur einmal im Jahr 4 bis 6 Eier.

- 76 Prozent der Menschen essen vom Schokohasen immer zuerst die Ohren.

- 25 Prozent der Kinder glauben, dass an Ostern der Geburtstag des Osterhasen gefeiert wird.

- Die meisten Schokoladeneier bestehen zu 88 Prozent aus Luft.

– Jedes Jahr zu Ostern steigen die Benzinpreise, obwohl sie es nicht müssten. Sagt der ADAC. 4 bis 5 Prozent schlagen die Tankstellenbetreiber auf. Sie behaupten, dass sich die Preise allein nach dem Einkaufspreis und den Produktionskosten richten würden. Statistisch nachweisen lässt sich der Preisaufschlag nur noch schwer, da die Preise mittlerweile stündlich angepasst werden können.

– Einer Umfrage zufolge denken 65 Prozent der Menschen beim Stichwort Ostern an Schokolade. Nur 12 Prozent denken an Jesus.

– In den USA werden Osterkörbe nicht nur mit Hasen und Schokoeiern befüllt. Kinder und Erwachsene lieben auch die sogenannten »Jelly Beans«, kleine Geleebohnen mit Knusperhülle und weichem Kern. Allein für das Osterfest werden 16 Milliarden der kleinen Bohnen produziert. Das sind 171 Milliarden Kalorien. Allerdings ist Ostern nicht einmal das Fest mit dem höchsten Süßigkeitenverbrauch in den USA. Den gibt es natürlich an – Süßes oder Saures?! – Halloween.

Osterrekorde

— Die bisher größte Ostereiersuche der Welt fand 2007 im Cypress Gardens Adventure Park in Winter Haven in Florida statt. 9.753 Kinder suchten dort nach 501.000 versteckten Eiern.

— Der größte Schokoladenhase wurde 2010 in Sandton City in Südafrika hergestellt. Der Hase war 3,80 Meter groß und wog 3.010 Kilogramm.

— Das größte Schokoladenei der Welt wurde 2011 in Italien produziert. Es war 10,39 Meter hoch, hatte an der dicksten Stelle einen Umfang von 19,9 Metern und wog 7.200 Kilo. Das ist mehr, als ein Elefant auf die Waage bringt.

— Das bisher wärmste Osterfest erlebten die Deutschen im Jahr 2000. Die Temperaturen stiegen bis auf 30 Grad Celsius. Am kältesten war es 1970 mit Temperaturen von bis zu minus 5 Grad Celsius.

— In Italien erreicht der Ostersegen im Fernsehen eine Einschaltquote von 50 Prozent.

OSTERN IN DEN MEDIEN

Die Leidensgeschichte von Jesus Christus hat natürlich auch zahlreiche Künstler, Literaten, Dichter sowie Theater- und Filmemacher inspiriert. Ihre Werke wurden vonseiten der Kirche allerdings nicht immer goutiert. Die größten Osterfans der Neuzeit sind Programmierer, die in ihren Videospielen Ostereier im Dutzend verstecken.

Die Passionsspiele in Oberammergau

Alle zehn Jahre findet im bayerischen Oberammergau das weltweit bekannteste Passionsspiel statt. Nicht jedoch an Ostern, sondern von Mai bis Oktober. Die über 100 Vorstellungen werden von mehr als einer halben Million Menschen besucht. Die jeweils sechsstündige Aufführung stellt die Ereignisse zwischen Palmsonntag und Ostern nach. Das Passionsspiel geht auf einen Schwur der Gemeinde im Jahr 1633 zurück. Damals starben 80 Einwohner des Dorfes an der Pest. Die Oberammergauer gelobten daraufhin, alle zehn Jahre ein Passionsspiel aufzuführen, wenn sie fortan von der Pest verschont blieben. Die Pest kehrte tatsächlich nie wieder in das Dorf zurück. Das nächste Passionsspiel findet im Jahr 2020 statt.

Zahlen & Fakten zu den Passionsspielen:
Mitwirkende: 2.500 (Oberammergau hat 5.000 Einwohner)
Spielrecht: Jeder, der in Oberammergau geboren wurde oder seit mindestens 20 Jahren im Ort lebt
Hauptrollen: 18 (sie werden doppelt besetzt)
Weitere Sprechrollen: 120
Gesangssolisten: 100
Mitwirkende Kinder: 450 (als Volk)
Zahl der Sitzplätze im Passionstheater: 4.700
Gewinn: ca. 28 Mio. Euro

Was war zuerst da? Das Huhn oder das Ei?

Über diese Frage lässt sich wunderbar streiten. Man muss es aber gar nicht, schließlich hat der Dichter Eduard Mörike bereits Mitte des 19. Jahrhunderts in seinem Gedicht »Auf ein Ei geschrieben« eine mehr als überzeugende Antwort gefunden:

Die Sophisten und die Pfaffen

Stritten sich mit viel Geschrei:

Was hat Gott zuerst erschaffen,

Wohl die Henne? wohl das Ei?

Wäre das so schwer zu lösen?

Erstlich ward ein Ei erdacht:

Doch weil noch kein Huhn gewesen,

Schatz, so hat's der Has gebracht.

Max und Moritz

Der sechste und vorletzte Streich der beiden von Wilhelm Busch erdachten Lausbuben spielt an Ostern:

> In der schönen Osterzeit,
>
> Wenn die frommen Bäckersleut'
>
> Viele süße Zuckersachen
>
> Backen und zurechte machen,
>
> Wünschten Max und Moritz auch
>
> Sich so etwas zum Gebrauch.

Max und Moritz brechen in eine Bäckerei ein und landen nach einigen Unfällen teigverschmiert im Ofen. Allerdings können sie sich noch einmal retten und knabbern sich aus ihren fertig gebackenen Brothüllen frei.

Ostereier im PC

Ostereier werden nicht nur am Ostersonntag versteckt, sondern das ganze Jahr über in PC-Spielen. Bei den sogenannten »Easter Eggs« handelt es sich um absichtlich in das Spiel programmierte Räume, Mini-Games oder Botschaften. So versteckten beispielsweise die Programmierer von Microsofts Schreibprogramm Word 1997 ein Pinball-Spiel in dem Schreibprogramm. Um das Geheimnis der Programmierer des Spielhits »Grand Theft Auto: Vice City« (erstmals 2002) zu entdecken, muss ein Spieler seinen Charakter vom Haus eines Daches springen lassen. Gelingt es ihm, mit dem Sprung in einem ganz bestimmten Fenster des gegenüberliegenden Hauses zu landen, befindet er sich in einem Raum mit einem großen Schokoladenei, auf dem »Happy Easter« steht. Als Spiel mit den meisten Easter Eggs gilt das Game »Grand Theft Auto: San Andreas« (erstmals 2004) mit insgesamt 84 Überraschungen. Die Tradition, Easter Eggs in PC-Spielen zu verstecken, geht übrigens auf den Programmierer Warren Robinett zurück. Er arbeitete 1979 an dem Spiel »Adventure« für den Atari 2600 und fand es doof, dass damals die Programmierer nirgendwo im Spiel genannt wurden. Also programmierte er einen geheimen Raum, in dem sein

Name an der Wand stand. Mittlerweile herrscht unter Gamern ein regelrechter Wettbewerb, bei jeder Neuerscheinung die dort versteckten Ester Eggs als Erster zu finden.

»... denn sie wissen nicht, was sie tun«

Der gleichnamige Film, der im Original übrigens »Rebel Without a Cause« heißt, machte den jungen Schauspieler James Dean in den 60er-Jahren zum Superstar. Beim deutschen Titel handelt es sich um ein Zitat aus dem Kreis der sieben letzten Worte, die Jesus am Kreuz spricht. Der deutsche Filmverleih hatte zuvor mit dem Film »Jenseits von Eden« bereits einen veritablen Hit gelandet und wollte ganz nach dem Never-change-a-running-system-Prinzip einfach wieder einen Film mit einem Bibelvers ins Rennen um die Publikumsgunst schicken.

Stirb langsam?

Ostern ist für die Fernsehsender ein wichtiges Datum, schließlich hat man vier Tage Zeit, die Leute mit einem spannenden Programm an den Fernseher zu fesseln. Auch im Jahr 2008 gaben sich die Programmverantwortlichen alle Mühe, ein abwechslungsreiches Programm zusammenzustellen. Ein Sender übertrieb es nach Auffassung des Münchner Erzbischofs Reinhard Marx allerdings ein wenig. Der Sender Sat.1 hatte nämlich an drei Osterabenden je einen Teil der berühmten Actionfilm-Reihe »Stirb langsam« mit Bruce Willis terminiert. »Kein angemessener Umgang mit der Osterbotschaft«, echauffierte sich Marx öffentlich. Zu Recht? Kenner der Filmreihe merkten daraufhin nur an: Wäre John McClane Römer gewesen, hätte es Jesus nie bis ans Kreuz geschafft.

Gepriesen sind die Skifahrer

»Das Leben des Brian« der britischen Comedy-Truppe Monty Python gilt als die beste Bibel- und Glaubenssatire überhaupt. Allerdings darf der Film an Ostern nicht öffentlich gezeigt werden, da er der Aufführungsbeschränkung für Filme an Feiertagen unterliegt. Der Film erzählt die Geschichte des jungen Brian, der zu Zeiten Jesu Christi lebt. Doch plötzlich gilt Brian als Messias und muss irgendwie damit klarkommen. Doch egal, was Brian auch versucht, es geht schief und seine Geschichte endet – wie konnte es anders sein? – am Kreuz. Als die Satire 1979 herauskam, protestierten Katholiken, Calvinisten, Juden und Protestanten gleichermaßen gegen das Werk, das sie als blasphemisch betitelten. In zahlreichen Ländern war der Film jahrelang verboten. Die Komikergruppe freute sich daraufhin, dass es ihr gelungen war, die Glaubensgemeinschaften wenigstens in diesem einen Punkt zu vereinen. Ursprünglich war die Story des Films ganz anders geplant: Brian sollte der 13. Apostel von Jesus sein, der zu allen wichtigen Ereignissen zu spät kommt.

Vom Blitz getroffen

Die bisher eindringlichste Darstellung der Kreuzigung Jesu erfolgt in dem Film »Die Passion Christi«, der 2004 unter der Regie von Mel Gibson entstand. Er zeigt die Folterungen und das Leiden Jesu ungeschönt. Die Darsteller im Film sprechen nur in den Originalsprachen Latein, Hebräisch und Aramäisch, die untertitelt werden. Jesus-Darsteller James Caviezel wurde während der Dreharbeiten von einem Blitz getroffen, blieb aber unverletzt.

Jesus Christ Superstar

1971 wurde die Rockoper »Jesus Christ Superstar« von Andrew Lloyd Webber uraufgeführt. Sie handelt ebenfalls von den letzten Tagen Jesu Christi. Jesus als Musical? Und dann wurde darin auch noch eine Liebesgeschichte mit Maria Magdalena angedeutet? Erstaunlicherweise störten sich weder Publikum noch Kirche an dem mehr als zwei Stunden langen Gesinge. Die Rockoper war im Radio Vatikan zu hören. Zwei Jahre nach seiner Uraufführung wurde das Musical sogar verfilmt.

Last Easter I Gave You My Heart

Obwohl zahlreiche Künstler wie Patti Smith, U2 oder Bruce Springsteen in ihren Songs die Wiederauferstehungsgeschichte verarbeitet haben, gibt es bis heute – im Gegensatz zu Weihnachten – keine echte Pop-Hymne auf Ostern.

Osterzeit – Krimizeit

Das jedenfalls gilt in Norwegen. Verlage mit Kriminalromanen im Programm machen in Norwegen in der Osterzeit die größten Umsätze. Wichtige Krimi-Neuerscheinungen werden daher in die Wochen vor Ostern gelegt. Der Krimihunger der Norweger an Ostern geht angeblich auf den Reklame-Coup eines Verlages vor rund 90 Jahren zurück. Der hatte an Ostern den Krimi »Bergensbahn in der Nacht geplündert« mit einer großen Anzeige auf der Titelseite einer Tageszeitung beworben. Die Anzeige war so gestaltet, dass man sie für einen echten Artikel halten konnte. Zahlreiche Norweger dachten damals, dass die Bahn tatsächlich überfallen worden sei. Das Buch wurde ein Erfolg und seitdem – so die Legende – werden an Ostern in Norwegen eben Krimis gelesen.

UND SO WÜNSCHT MAN SICH FROHE OSTERN IN DER WELT

Französisch	Joyeuses Pâques
Furlanisch	Buine Pasche
Galicisch	Boas Pascuas
Hawaiisch	Hau´oli Pakoa
Indonesisch	Selamat Paskah
Irisch	Cáisc Shona Dhuit

Afrikaans	Geseënde Paasfees
Albanisch	Gëzuar Pashkët
Amharisch	Melkam Fasika
Baskisch	Ondo izan Bazko garaian
Bosnisch	Sretan Uskrs
Bretonisch	Pask Seder
Dänisch	God påske
Englisch	Happy Easter
Esperanto	Feliĉan paskon
Estnisch	Häid lihavõttepühi
Färöisch	Gleðilig páskir
Finnisch	Hyvää Pääsiäistä

Italienisch	Buona Pasqua
Isländisch	Gleðilega páska
Katalanisch	Bona Pasqua
Kroatisch	Sretan Uskrs (Frohe Auferstehung)
Lateinisch	Felicem Pascham
Lettisch	Priecīgas Lieldienas

→

Litauisch	Sveiki sulaukę velykų
Luxemburgisch	Schéin Ouschteren
Māori	Ngā mihi o te Aranga
Norwegisch	God påske
Polnisch	Szczęśliwej Wielkanocy (Gute, große Nächte)
Portugiesisch	Boa Páscoa
Rumänisch	Paşte Fericit

Russisch	Христос воскресе
Schottisch	A' Chàisg sona
Schwedisch	Glad Påsk
Schwizerdütsch	Schöni Oschtere
Spanisch	Felices Pascuas
Swahili	Heri kwa sikukuu ya Pasaka
Türkisch	Paskalya yortunuz kutlu olsun
Vietnamesisch	Chúc Mừng Phục Sinh
Walisisch	Pasg Hapus